KB210997

교회 안의 우상숭배
기복신앙

교회 안의 우상숭배
기복신앙

지은이 김나사로
발행일 2021년 06월 11일

펴낸이 이민영
펴낸곳 진리의방주
주소 부산광역시 동구 중앙대로260번길 3-11
전화 051-803-0691
등록번호 제2020-000009호(2020.12.22)

저작권ⓒ진리의방주, 2021
ISBN 979-11-974225-1-5

값 4,000원

교회 안의 우상숭배
기복신앙

김나사로 지음

진리의방주

이스라엘 신앙의 말로, 교회 신앙의 말로

▶ 이스라엘의 구원과 심판은 교회의 구원과 심판을 예시한다.

▶ 이스라엘은 멸망 직전까지도 열심 있는 예배 행위를 중단하지 않았다. 최후로 원수의 칼날 앞에서도 목숨 걸고 안식일을 준수했다.

▶ 구약 이스라엘 곧 구약 교회처럼 신약 이스라엘 곧 신약 교회도 멸망할 수 있다.

▶ 인간적인 측면에서 불쌍한 사람이 이 세상에는 너무 많다. 그러나 하나님의 심판은 가혹할 만큼 철저하다. 어떤 인간적인 동정도 개입될 여지가 없다.

▶ 신앙의 본질은 "주여! 주여!"하는 데 있지 않고 주님께서 분부한 모든 명령을 지켜 행하는 삶에 있다.

▶ 하나님과는 상관없이 인간의 감정만을 뜨겁게 충만 시키는 기복신앙, 그곳에는 성령 충만이 아니라 꿈 충만, 긍정 충만, 자아 충만이 넘쳐난다.

▶ 구속사의 관점에서 원 가지들인 구약 이스라엘은 그토록 철저하게 심판받았다. 하물며 접붙임 된 돌감람나무인 이방인 교회는 당연히 더더욱 철저하게 심판받는다. 결국, 택함받은 신부 된 교회, 그 하나 이유로 더 철저하게 외면당한다.

1

이스라엘 신앙의 말로, 교회 신앙의 말로

이스라엘의 구원과 심판은 교회의 구원과 심판을 예시한다.

성경을 묵상할 때, 우리는 내 마음이 편한 방향으로, 내 마음이 원하는 대로 생각하는 경향이 있다. 그 한 예가 이스라엘에 약속된 축복은 나의 것으로 적용하지만, 이스라엘이 받았던 심판은, 구원받은 나와는 상관없는 범죄한 이스라엘의 것으로만 여기는 것이다.

교회에 잘 다니면서 신앙생활 하는 나와는 달리 구약 이스라엘 백성은 너무나 큰 죄를 저질렀기 때문에 당연히 하나님께 심판받아 멸망한 것으로 확신한다. 그러다 보니 구약 이스라엘 백성에게는 축복과 심판의 길, 생명과 사망의 길 중 심판과 사망을 예언하는 말씀이 응했지만, 심판과 사망의 예언은 예수 그리스도로 구원받은 나와는 전혀 상관없는 것으로 생각한다.

이런 경향은 우리로 무사 안일한 신앙생활을 하게 하며, 과거의 이스라엘과 오늘의 우리를 동일시하지 않고 항상 분리하는 신앙의 교만에 빠지게 하여 외식하는 신앙의 길로 인도한다.

———

이스라엘은 멸망 직전까지도 열심 있는 예배 행위를 중단하지 않았다. 최후로 원수의 칼날 앞에서도 목숨 걸고 안식일을 준수했다.

구약 이스라엘 백성의 말로에서 우리가 깊이 유념해야 할 사실이 있다. 그것은 이스라엘 백성은 멸망하는 날까지 아브라함의 자손 된 선민임을 믿어 의심치 않았고, 하나님을 신앙했고, 하나님께 예배를 드렸다는 사실이다.

이사야 66:3의 말씀에서 볼 수 있듯이 이스라엘 백성은 멸망하는 그 시간까지 쉬지 않고 하나님께 소를 잡아 드렸다. 어린 양으로 제사를 드렸다. 예물을 하나님께 드렸다. 그리고 분향(기도)도 했다. 그러나 하나님께서는 그들의 예배 행위를 정죄하셨다. "소를 잡아 드리는 것은 살인함과 다름이 없이 하고 어린 양으로 제사드리는 것은 개의 목을 꺾음과 다름이 없이 하며 드리는 예물은 돼지의 피와 다름이 없이 하고 분향하는 것은 우상을 찬송함과 다름이 없이 행하는 그들은 자기의 길을 택하며 그들의 마음은 가증한 것을 기뻐한즉"(사 66:3).

지금 교회가 목숨 걸고 주일을 성수하는 것 이상으로 구약 이스라엘 백성이 얼마나 안식일을 철저하게 성수했던지, 하나님께서 이스라엘을 심판하시기 위해 원수의 세력인 헬라 군대와 로마 군대를 예루살렘에 올라오게 하실 때마다, 헬라 군대와 로마 군대는 이스라엘의 철저한 안식일 준수 신앙을 이용해서 그 안식일에 마지막 총공세를 펼쳤다.

그때마다 이스라엘은 안식일에 아무 노동도 하지 말라는 하나님의 명령을 목숨 걸고 지키기 위해 상대의 공격에 무방비 상태로 죽어갔다. 그것은 아무리 원수의 군대가 자신들에게 칼을 겨누어도 안식일에는 방패를 드는 일조차도 어떤 이유에서든지 노동 금지 명령을 범하는 것이라고 맹신했기 때문이다. 그들은 안식일 준수 명령 곧 하나님의 말씀을 지키기 위해 죽음도 불사했던 것이다.

그들의 안식일 준수 신앙에 비하면 오늘날 자칭 신실한 교인들이 주일날 구멍가게도 가지 않고 세탁기도 돌리지 않고 쇼핑도 안 가고 여행도 안 가고 친구도 안 만나고 텔

레비전도 안 보고 인터넷도 안 하는 정도의 주일성수 신앙
은 비교도 안 되는 신앙 행위이다.

**구약 이스라엘 곧 구약 교회처럼 신약 이스라엘 곧 신약 교회도
멸망할 수 있다.**

교회에 나아와서 예배를 드리고 있는 우리는 그들의 말로
를 돌아보면서 두렵고 떨림으로 신앙의 경각심을 가져야
한다. "형제들아 나는 너희가 알지 못하기를 원하지 아니하
노니 우리 조상들이 다 구름 아래에 있고 바다 가운데로 지
나며 모세에게 속하여 다 구름과 바다에서 세례를 받고 다
같은 신령한 음식을 먹으며 다 같은 신령한 음료를 마셨으
니 이는 그들을 따르는 신령한 반석으로부터 마셨으매 그
반석은 곧 그리스도시라 그러나 그들의 다수를 하나님이
기뻐하지 아니하셨으므로 그들이 광야에서 멸망을 받았느
니라 이러한 일은 우리의 본보기가 되어 우리로 하여금 그
들이 악을 즐겨 한 것같이 즐겨 하는 자가 되지 않게 하려
함이니(고전 10:1~6). "그들에게 일어난 이런 일은 본보기
가 되고 또한 말세를 만난 우리를 깨우치기 위하여 기록되
었느니라 그런즉 선 줄로 생각하는 자는 넘어질까 조심하

라"(고전 10:11~12).

───

인간적인 측면에서 불쌍한 사람이 이 세상에는 너무 많다. 그러나 하나님의 심판은 가혹할 만큼 철저하다. 어떤 인간적인 동정도 개입될 여지가 없다.

오늘 우리는 금전 문제 해결을 위해 기도한다. 조금 더 크고 넓은 집으로 이사 가기를 기도한다. 남들보다 더 좋은 직장과 더 좋은 자리로 승진하고 올라가기를 기도한다. 결국, 좀 더 편안한 내일의 삶을 소원하며 오늘의 삶을 하나님께 동정받기를 기도한다.

그러나 이스라엘 출애굽 1세대는 집도 없이, 자기 밭도 없이, 자기 외양간도 없이 당시 세계사에서 가장 핍절한 삶의 나날을 40년간 살다가 갔다. 그런데도 하나님께서는 그들에게 어떤 동정도 없이 당신의 기준으로 그들의 신앙만을 판단하시고 철저하게 파멸시키셨다. 이처럼 하나님의 심판은 엄위하다.

예수 그리스도께서 죽으시고 부활하신 후 2천여 년 동안, 세계 인구의 4분의 1을 차지하는 중국에서 태어나고 죽어갔던 그 많은 사람이 그 땅에 태어났다는 이유 하나만으로 불쌍하게도 복음을 들어보지도 못하고 구원을 받지 못했다.

하물며 하나님의 생명의 복음을 듣고도, 그 하나님의 법대로 살지 못하면서 선민 된 특권, 왕의 자녀 된 특권에 사로잡혀 교회에 나와서 예수 그리스도를 믿기 때문에 무조건 천당 가고 멸망 받지 않으리라고 생각하는 것은 얼마나 교만하며 어리석은 일인가?

───

신앙의 본질은 "주여! 주여!"하는 데 있지 않고 주님께서 분부한 모든 명령을 지켜 행하는 삶에 있다.
이스라엘이 소를 잡아 드리고도, 어린 양으로 제사를 드리고도, 예물을 드리고도, 분향을 하고도 왜 멸망 받았는지 심각하게 가르치고 심각하게 배워야만 한다.

대대로 모세 때로부터 하나님으로부터 보냄을 받았던 선지자들은 모두 하나같이 신앙의 본질은 빈번하고 열띤 제사 행위에 있지 않고 하나님의 말씀대로 지켜 행하는 삶에 있음을 항상 백성에게 주지시켰다. "나는 인애를 원하고 제사를 원하지 아니하며 번제보다 하나님을 아는 것을 원하노라"(호 6:6). "내가 너희 절기들을 미워하여 멸시하며 너희 성회들을 기뻐하지 아니하나니 너희가 내게 번제나 소제를 드릴지라도 내가 받지 아니할 것이요 너희의 살진 희생의 화목제도 내가 돌아보지 아니하리라 네 노랫소리를 내 앞에서 그칠지어다 네 비파 소리도 내가 듣지 아니하리라 오직 정의를 물같이, 공의를 마르지 않는 강같이 흐르게 할지어다"(암 5:21~24).

주님께서도 믿음은 "주여! 주여!"하는 데 있지 않고, 세례를 받는 데 있지 않고, 하나님의 뜻을 행하고, 당신께서 분부한 모든 것을 지켜 행하는 삶에 있음을 분명히 하셨다. "나더러 주여 주여 하는 자마다 다 천국에 들어갈 것이 아니요 다만 하늘에 계신 내 아버지의 뜻대로 행하는 자라야 들어가리라"(마 7:21). "그러므로 너희는 가서 모든 민족을 제자로 삼아 아버지와 아들과 성령의 이름으로 세례를 베풀고 내가 너희에게 분부한 모든 것을 가르쳐 지키게 하라 볼지어다 내가 세상 끝날까지 너희와 항상 함께 있으리라 하시니라"(마 28:19~20).

하나님과는 상관없이 인간의 감정만을 뜨겁게 충만 시키는 기복신앙, 그곳에는 성령 충만이 아니라 꿈 충만, 긍정 충만, 자아 충만이 넘쳐난다.

내일의 길흉화복과 관련된 구약 이스라엘의 제사는 무척이나 뜨거웠다. 오늘날도 내일의 생존과 관련한 기도 성회는 무척이나 뜨겁다. 마치 성령의 불이 후끈후끈 임하는 것 같다. 하늘에서 불이 확확 내려와 온몸을 뜨겁게 달군다(계 13:13).

강단에서는 불 받으라 외치고, "아멘! 아멘!"을 외치는 청중의 온몸은 불로 뜨거워진다. 마치 모든 문제가 확 사라지는 것 같고, 모든 문제가 단번에 해결될 것 같은 확신의 열기 속에서 기쁨으로 할렐루야! 찬송이 터져 나온다. 그러나 하나님께서는 그와 같은 제사와 예배에 감동하시지 않는다.

이스라엘 백성이 하나님께 제사를 드리지 않은 것이 아니다. 그러나 이사야 66:3에서 하나님께서는 이스라엘 백성이 소를 잡아 드린 제사가 살인함과 다름없다고 노를 발하셨다. 그들이 어린 양으로 제사 드리는 것은 개의 목을 꺾음과 같고, 드리는 예물은 돼지의 피와 다름없다고 정죄하셨다. 예배 시간에 헌물을 드리는 것은 당연한 의무였기에 헌금을 했는데, 이 또한 하나님 보시기에 가증하다는 것이다. 기도의 분향을 드리긴 드렸는데, 하나님 보시기에는 그 분향이 우상을 찬송한 것이 되었다는 것이다. 이 얼마나 무시무시한 비판이고 정죄인가?

———

구속사의 관점에서 원 가지들인 구약 이스라엘은 그토록 철저하게 심판받았다. 하물며 접붙임 된 돌감람나무인 이방인 교회는 당연히 더더욱 철저하게 심판받는다. 결국, 택함받은 신부 된 교회, 그 하나 이유로 더 철저하게 외면당한다.

예수 그리스도 승천 이후 2천여 년 동안 아프리카 대륙에 태어나 살다 갔던 사람들, 중국에 태어나 살다 갔던 사람들, 아메리카 대륙의 들판을 뛰어다녔던 인디언들, 조개 줍던 솔로몬 군도의 원주민들, 눈썰매 타던 에스키모인들, 그들은 모두 그곳에 태어났다는 이유 하나로 예배당 건물도 구경해 보지 못하고, 십자가 종탑 한번 구경 못 해 보고, 그렇게 그렇게 살다 죽어갔다. 그들이 과연 구원을 받았을까?

이에 대해 하나님은 아무 말씀이 없으시다. 그러나 그 하나님께서는 이스라엘 백성에 대해 다음과 같이 말씀하신

다. "내가 땅의 모든 족속 중에 너희만 알았나니 그러므로 내가 너희 모든 죄악을 너희에게 보응하리라"(암 3:2).

결국 이스라엘 백성은 택함을 받았다는 오로지 이 한 가지 이유로 가장 철저하게 심판받았다.

사도 바울은 '원 가지들인 이스라엘 백성도 아껴 보지 않으신 하나님께서 구속사의 관점에서는 접붙임 된 돌감람나무 가지에 불과한 이방인 교회를 아껴 보시겠는가?'라고 경고했다. "또한 가지 얼마가 꺾이었는데 돌감람나무인 네가 그들 중에 접붙임이 되어 참감람나무 뿌리의 진액을 함께 받는 자가 되었은즉 그 가지들을 향하여 자랑하지 말라 자랑할지라도 네가 뿌리를 보전하는 것이 아니요 뿌리가 너를 보전하는 것이니라 그러면 네 말이 가지들이 꺾인 것은 나로 접붙임을 받게 하려 함이라 하리니 옳도다 그들은 믿지 아니하므로 꺾이고 너는 믿으므로 섰느니라 높은 마음을 품지 말고 도리어 두려워하라 하나님이 원 가지들도 아끼지 아니하셨은즉 너도 아끼지 아니하시리라 그러므로 하나님의 인자하심과 준엄하심을 보라 넘어지는 자들에게는 준엄하심이 있으니 너희가 만일 하나님의 인자하심에 머물러 있으면 그 인자가 너희에게 있으리라 그렇지 않으면 너도 찍히는 바 되리라"(롬 11:17~22).

"주여! 주여!"하고도 하나님의 뜻을 행하지 않으면 심판 받을까가 아니라, 정녕 심판받는다(마 7:21).

혼인 잔치에 청함을 받았는데 설마 내침을 당할까가 아니라, 하나님의 뜻을 행하지 않으면 정녕 내침을 당한다(마 22:13~14).

밤이 맞도록 등을 들고 있었는데 잠시 기름 조금 떨어졌다고 사랑 많으신 주님으로부터 설마 외면을 당할까가 아니라, 정녕 외면을 당한다(마 25:11~12).

주님의 주리신 것이나 목마르신 것이나 나그네 되신 것이나 벗으신 것이나 병드신 것이나 옥에 갇히신 것을 공양했는데 설마 지옥 갈까가 아니라, 하나님의 뜻을 행하지 않으면 정녕 지옥 간다(마 25:41, 44, 46).

교회에 만연한 우상숭배 신앙

▶이마와 손목에 긍정의 부적을 붙이고 세상의 대로를 활보하는 바람난 교회여! 믿음의 진로를 수정하라!

▶자기를 위한 신앙, 바로 그 자리에, 우상숭배가 있다. 그러므로 자기를 위해 기도하는 것은 우상을 찬송하는 것이 된다(사 66:3). 그러므로 주님께서는 제자들에게 자기를 위해서는 일용할 양식을 한계선으로 정하시고 하나님의 나라와 의를 위해 기도하라고 하셨다.

▶구약 이스라엘은 하나님 아닌 형상을 하나님이라고 불렀다. 그것이 다른 신을 섬기는 것이다. 그러므로 신약의 우상숭배는 다른 예수 다른 복음 다른 영에 "아멘!"하는 것이다(고후 11:2~4).

▶신약의 우상숭배인 다른 예수 다른 복음 다른 영은 인간의 생존 본능·욕구 본능과 관련 있다. 그러므로 다른 복음은 가난 극복과 실패 극복을 외치며 잘살고 싶고 잘되고 싶은 인간의 욕망을 부채질한다.

▶에덴에서 하와를 간계로 타락시킨 뱀, 지금 교회 안에서 거짓 선지자들이 다른 예수 다른 복음 다른 영으로 신부 된 교회를 멸망 받을 큰 성 바벨론으로 지어져간다.

▶구약 이스라엘을 멸망시킨 다른 신, 신약 교회를 멸망시킬 다른 신은 다른 예수 다른 복음 다른 영이다.

▶하나님의 백성은 이방인처럼 생존의 문제와 관련해서는 일용할 양식 이상을 구해서는 안 된다. 그것은 이방인들의 기도 제목이다. 그러므로 생존의 문제 해결을 위한 기도는 교회 안에 있는 우상 제의이다.

▶하나님의 백성은 절박한 생존의 문제 앞에서도 이방인과 같은 방법으로 이방인들과 같은 목적으로 기도해서는 안 된다. 그것은 신약 교회가 범하는 가장 큰 죄악이고 우상숭배이다.
이방인들과 같은 소원을 가진 자는 하나님과 세상을 더불어 사랑하는 자이고 하나님을 미워하는 자이다.

▶다른 예수 다른 복음 다른 영을 통해 지금 교회는 신종 우상숭배에 흥분하고 있다.

▶교회 안에 만연한 우상숭배 신앙, 곧 생존 문제 해결을 소원하는 기복신앙은 이방인들처럼 먹고 마시고 입고를 위해 기도하지 말라는 주님의 말씀 계시에 기초하지 않고 자기감정에 흥분되고 도취된 인간 감정 중심의 신앙이다.

▶구약 이스라엘은 자기를 위해 금송아지를 새겨 자기중심으로 하나님을 신앙했고, 신약 교회는 기복 곧 자기의 소원 성취를 위해 하나님을 신앙한다.

▶교회가 구원받은 이유는 꿈을 이루고 잘살고 잘되기 위함이 아니라 주님께서 분부한 모든 것을 지켜 행하고(마 28:20), 모든 소유를 버리기까지 주님을 따르기 위함이다(눅 14:33).

▶참 신앙과 기복신앙은 "주여! 주여!"함에는 동일하지만 신앙의 목적지가 다르다. 그러므로 기도 제목이 다르다.

교회에 만연한 우상숭배 신앙

이마와 손목에 긍정의 부적을 붙이고 세상의 대로를 활보하는 바람난 교회여! 믿음의 진로를 수정하라!

지금 교회는 염려와 근심 가득한 인생의 장벽을 돌파하기 위해 '긍정의 힘'이라는 사술의 부적을 머리와 마음판에 붙이고, 입술로 그 부적의 주문을 외우며 헛된 자신감으로 충만해져 "주여! 주여!"하는 사람들로 인산인해를 이루고 있다.

그러나 이제 우리는 잘될 수 있고 잘되어야 한다는 긍정의 맹신과 기도의 아우성 속에서 빠져나와 남은 생을 오로지 하나님의 나라를 세우기 위해 헌신해야 한다.

자기를 위한 신앙, 바로 그 자리에, 우상숭배가 있다. 그러므로 자기를 위해 기도하는 것은 우상을 찬송하는 것이 된다(사 66:3). 그러므로 주님께서는 제자들에게 자기를 위해서는 일용할 양식을 한계선으로 정하시고 하나님의 나라와 의를 위해 기도하라고 하셨다.

하나님께서는 시내산에서 모세를 통해 이스라엘 백성에게 당신 외에는 다른 신을 섬기지 말 것을 명령하셨다. 그것이 이스라엘 백성의 내일의 생명과 사망을 좌우하게 될 십계명의 제일 계명과 제이 계명이다. "하나님이 이 모든 말씀으로 말씀하여 이르시되 나는 너를 애굽 땅, 종 되었던 집에서 인도하여 낸 네 하나님 여호와니라 너는 나 외에는 다른 신들을 네게 두지 말라 너를 위하여 새긴 우상을 만들지 말고 또 위로 하늘에 있는 것이나 아래로 땅에 있는 것이나 땅 아래 물속에 있는 것의 어떤 형상도 만들지 말며 그것들에게 절하지 말며 그것들을 섬기지 말라"(출 20:1~5전).

그러므로 이스라엘 백성은 그 어떤 형상도 만들어서는 안 된다. 그러나 그들은 이내 곧 금송아지를 만들어 하나님의 진노를 격발했다. "백성이 모세가 산에서 내려옴이 더딤을 보고 모여 백성이 아론에게 이르러 말하되 일어나라 우리를 위하여 우리를 인도할 신을 만들라 이 모세 곧 우리를 애굽 땅에서 인도하여 낸 사람은 어찌 되었는지 알지 못함이니라 아론이 그들에게 이르되 너희의 아내와 자녀의 귀에서 금고리를 빼어 내게로 가져오라 모든 백성이 그 귀에서 금고리를 빼어 아론에게로 가져가매 아론이 그들의 손에서 금고리를 받아 부어서 조각칼로 새겨 송아지 형상을 만드니 그들이 말하되 이스라엘아 이는 너희를 애굽 땅에서 인도하여 낸 너희의 신이로다 하는지라 아론이 보고 그 앞에 제단을 쌓고 이에 아론이 공포하여 이르되 내일은 여호와의 절일이니라 하니 이튿날에 그들이 일찍이 일어나 번제를 드리며 화목제를 드리고 백성이 앉아서 먹고 마시며 일어나서 뛰놀더라 여호와께서 모세에게 이르시되 너는 내려가라 네가 애굽 땅에서 인도하여 낸 네 백성이 부패하였도다 그들이 내가 그들에게 명령한 길을 속히 떠나 자기를 위하여 송아지를 부어 만들고 그것을 예배하며 그것에게 제물을 드리며 말하기를 이스라엘아 이는 너희를 애굽 땅에서 인도하여 낸 너희 신이라 하였도다 여호와께서 또 모세에게 이르시되 내가 이 백성을 보니 목이 뻣뻣한 백성이로다 그런즉 내가 하는 대로 두라 내가 그들에게 진노하여 그들을 진멸하고 너를 큰 나라가 되게 하리라"(출 32:1~10).

이스라엘의 금송아지 숭배와 그로 인한 하나님의 진노에서 눈여겨볼 것이 있다.

먼저, 출애굽기 20:1~3의 하나님의 명령에서 이스라엘 백성은 무엇 때문에 하늘 아래와 땅 아래 물속에 있는 형상이든지 만들게 되는 것일까? 그것은 자신들을 위해서이다. "너를 위하여 새긴 우상을 만들지 말고"(출 20:4전).

이처럼 '너' 곧 '나'를 위한 자리에 '새긴 우상'이 있다. 이스라엘 백성은 자신들을 위해서 새긴 우상을 만들었다. 그 행위는 피조물의 형상을 새겨 만든 것에 불과하지만, 하나님이 보시기에 그들의 행위는 다른 신에게 절하는 것이며, 다른 신을 섬기는 것이다.

주님께서는 제자들에게 이방인들처럼 내일의 먹고 마시고 입고의 문제를 위해서 기도하지 말라고 하셨다(마 6:31~32). 그것은 하나님의 나라와 의를 위한 기도가 아니라 자기를 위한 기도이기 때문이다. '자기'를 위한 자리에 우상이 새겨지기 때문이다.

모든 것을 버려야 하는 제자들의 본분에서 의·식·주 문제보다도 더 큰 내일의 꿈, 내일의 영향력, 내일의 성공, 내일의 역전은 어마어마한 탐욕이다. 이와같은 탐욕은 우상숭배이다(골 3:5).

구약 이스라엘은 하나님 아닌 형상을 하나님이라고 불렀다. 그것이 다른 신을 섬기는 것이다. 그러므로 신약의 우상숭배는 다른 예수 다른 복음 다른 영에 "아멘!"하는 것이다(고후 11:2~4).

출애굽기 32:1~10에서 이스라엘 백성은 아론에게 자신들을 위하여 자신들의 신을 만들 것을 요구했고, 새겨 만든 금송아지 형상을 가리켜 자신들을 애굽에서 인도하여 낸 그들의 하나님이라고 찬양했다. "그들이 내가 그들에게 명령한 길을 속히 떠나 자기를 위하여 송아지를 부어 만들고 그것을 예배하며 그것에게 제물을 드리며 말하기를 이스라엘아 이는 너희를 애굽 땅에서 인도하여 낸 너희 신이라 하였도다"(32:8).

이스라엘 백성은 망망대해와 같은 사막 한가운데에서 자신들을 애굽에서 인도하여 낸 하나님의 사자 모세가 눈에 보이지 않자 두려움에 사로잡힌 나머지 눈에 보이지 않는 하나님의 형상을 금송아지로 새겨 만들어 그 금송아지를 가리켜 자신들을 애굽에서 인도해 낸 신, 하나님이라고 불렀다. "우리를 위하여 우리를 인도할 신을 만들라"(32:1). "아론이 그들의 손에서 금고리를 받아 부어서 조각칼로 새겨 송아지 형상을 만드니 그들이 말하되 이스라엘아 이는 너희를 애굽 땅에서 인도하여 낸 너희의 신이로다 하는지라"(32:4).

이제 그들은 그 금송아지를 숭배하는 축제 예배를 통해 생의 두려움을 잠시라도 떨쳐 버릴 수 있었다.

—

신약의 우상숭배인 다른 예수 다른 복음 다른 영은 인간의 생존 본능·욕구 본능과 관련 있다. 그러므로 다른 복음은 가난 극복과 실패 극복을 외치며 잘살고 싶고 잘되고 싶은 인간의 욕망을 부채질한다.

미개한 고대인들은 모든 물체를 신으로 숭상하는 문화적 환경 속에서 태어나고 살다가 죽어갔다. 그 시대를 살아갔던 모든 고대인에게 우상 제의는 그들에게 유일한 위로였고, 유일한 희망이었고, 유일한 축제였다. 그리고 삶이었다.

그러므로 인간 가치 기준에서 이스라엘 백성이 하나님을 금송아지 형상으로 조각해서 만들었던 것은 그리 심각한 죄가 아닐 수 있다. 그러나 하나님의 구원을 소유했던 이스라엘 백성에게는 그것이 결단코 용서받을 수 없는 죄이다.

구약 이스라엘 백성이 하나님의 은혜를 속히 떠나 금송 아지 형상을 만들어 다른 신을 예배하는 죄로 부패하여졌 듯이, 사도 바울은 교회가 다른 예수, 다른 복음, 다른 영 을 용납함으로 타락할 것을 경고했다. "내가 하나님의 열심 으로 너희를 위하여 열심을 내노니 내가 너희를 정결한 처 녀로 한 남편인 그리스도께 드리려고 중매함이로다 그러 나 나는 뱀이 그 간계로 하와를 미혹한 것 같이 너희 마음 이 그리스도를 향하는 진실함과 깨끗함에서 떠나 부패할까 두려워하노라 만일 누가 가서 우리가 전파하지 아니한 다 른 예수를 전파하거나 혹은 너희가 받지 아니한 다른 영을 받게 하거나 혹은 너희가 받지 아니한 다른 복음을 받게 할 때에는 너희가 잘 용납하는구나"(고후 11:2~4).

구약 이스라엘 백성이 자신들을 애굽에서 인도하여 낸 하나님의 형상을 금송아지 형상으로 새겨 만든 것이 인간 의 가치 기준에서는 그리 큰 죄도 되지 않지만, 하나님 편 에서 멸문지화를 당할 심각한 죄였듯이, 다른 예수, 다른 복음, 다른 영을 용납하는 죄는 그 옛날 에덴동산에서 하와 가 범했던 죄악과 버금가는 심각한 죄임을 알아야 한다.

에덴에서 하와를 간계로 타락시킨 뱀, 지금 교회 안에서 거짓 선지자들이 다른 예수 다른 복음 다른 영으로 신부 된 교회를 멸망 받을 큰 성 바벨론으로 지어져간다.

사도 바울은 하와가 뱀의 간계로 미혹되었다고 했다. 교회에게 다른 예수와 다른 복음과 다른 영을 매개하는 것은 거짓 선지자의 미혹이다.

지금 교회 안에서 왜곡된 복음을 전하고 왜곡된 성령운동과 기도운동을 설파하는 목사들은 모두 다 교회를 미혹하는 사탄의 하수인들이다.

그들이 아무리 정통 신학교를 졸업하고 박사 타이틀을 자랑해도, 그들이 아무리 옷술을 길게 늘어뜨리고 근엄하게 쌍수를 들어 어리석은 교회를 축복하고 있어도, 광명의 천사로 가장한 거짓 선지자들이다.

하와가 뱀의 간계로 음란해졌듯이 교회는 거짓 선지자의 미혹으로 음란해져 정결한 신부 어린 양의 아내 곧 거룩한 성 새 예루살렘(엡 2:21~22; 계 21:1~5, 9~10)으로 지어져 가지 못하고, 멸망 받을 음녀 곧 큰 성 바벨론으로 지어져 간다(계 17:1, 5, 18). "그의 안에서 건물마다 서로 연결하여 주 안에서 성전이 되어 가고 너희도 성령 안에서 하나님이 거하실 처소가 되기 위하여 그리스도 예수 안에서 함께 지어져 가느니라"(엡 2:21~22). "또 내가 새 하늘과 새 땅을 보니 처음 하늘과 처음 땅이 없어졌고 바다도 다시 있지 않더라 또 내가 보매 거룩한 성 새 예루살렘이 하나님께로부터 하늘에서 내려오니 그 준비한 것이 신부가 남편을 위하여 단장한 것 같더라 내가 들으니 보좌에서 큰 음성이 나서 이르되 보라 하나님의 장막이 사람들과 함께 있으매 하나님이 그들과 함께 계시리니 그들은 하나님의 백성이 되고 하나님은 친히 그들과 함께 계셔서 모든 눈물을 그 눈에서 닦아 주시니 다시는 사망이 없고 애통하는 것이나 곡하는 것이나 아픈 것이 다시 있지 아니하리니 처음 것들이 다 지나갔음이러라 보좌에 앉으신 이가 이르시되 보라 내가 만물을 새롭게 하노라 하시고 또 이르시되 이 말은 신실하고 참되니 기록하라 하시고"(계 21:1~5). "일곱 대접을 가지고 마지막 일곱 재앙을 담은 일곱 천사 중 하나가 나아와서 내게 말하여 이르되 이리 오라 내가 신부 곧 어린 양의 아내를 네게 보이리라 하고 성령으로 나를 데리고 크고 높은 산으로 올라가 하나님께로부터 하늘에서 내려오는 거룩한 성 예루살렘을 보이니"(계 21:9~10). "또 일곱 대접을 가진 일곱 천사 중 하나가 와서 내게 말하여 이르되 이리로 오라 많은 물 위에 앉은 큰 음녀가 받을 심판을 네게 보이리라"(계 17:1). "그의 이마에 이름이 기록되었으니 비밀이라, 큰 바벨론이라, 땅의 음녀들과 가증한 것들의 어미라 하였더라"(계 17:5). "또 네가 본 그 여자는 땅의 왕들을 다스리는 큰 성이라 하더라"(계 17:18).

다른 예수와 다른 복음과 다른 영을 용납하는 교회의 결국을 경고했던 사도 바울은 장차 때가 이르면 교회가 진리에서 떠나 자신들의 귀를 즐겁게 해 줄 스승을 많이 두고 허탄한 이야기를 쫓을 것을 경고했다. "때가 이르리니 사람이 바른 교훈을 받지 아니하며 귀가 가려워서 자기의 사욕을 따를 스승을 많이 두고 또 그 귀를 진리에서 돌이켜 허탄한 이야기를 따르리라"(딤후 4:3~4).

구약 이스라엘을 멸망시킨 다른 신, 신약 교회를 멸망시킬 다른 신은 다른 예수 다른 복음 다른 영이다.

이스라엘 백성은 하나님을 신앙하지 않고 금송아지 자체만을 신앙했던 것이 아니다. 그들은 새겨서 만든 금송아지를 가리켜 자신들을 애굽에서 구원해 낸 신이라고 했다.

그러므로 그들은 자신들을 애굽에서 구원해 낸 하나님을 신앙하지 않았던 것이 아니라, 하나님을 신앙하긴 신앙하되, 하나님을 금송아지 형상으로 만들고 하나님으로 불렀던 것이다.

그들이 범한 우상숭배의 본질은 하나님을 금송아지 형상으로 만들어 그것을 하나님으로 예배한 것이다. 그러나 그들이 애굽에서 구원해 낸 하나님의 형상이라고 조각한 금송아지는 그들을 파국으로 이끌어가는 다른 신이 되었다.

구약 이스라엘 백성을 멸망으로 인도한 다른 신의 역사는 신약 교회 안에서 다른 예수와 다른 복음과 다른 영으로 역사한다.

하나님의 백성은 이방인처럼 생존의 문제와 관련해서는 일용할 양식 이상을 구해서는 안 된다. 그것은 이방인들의 기도 제목이다. 그러므로 생존의 문제 해결을 위한 기도는 교회 안에 있는 우상 제의이다.

출애굽한 광야1세대가 하나님을 섬기기는 섬기되 보이지 않는 하나님의 영광의 형상을 금송아지 형상으로 만들어 예배한 것이 얼마나 큰 죄였든지 이후 하나님께서는 구약 역사 1천5백여 년 동안 이스라엘의 우상숭배 죄악을 책망

하실 때바다 광야1세대가 범했던 금송아지 우상숭배 행위를 되새기고 되새기셨다. 하나님을 금송아지 형상으로 만드는 것은 적당히 용서받을 수 있는 작은 죄가 아니다.

이방인은 그들이 만든 각양 형상을 자신들의 신으로 믿고 자신들의 신으로 예배한다. 그러나 하나님의 백성은 그 어떤 경우에도 하나님을 금송아지 형상으로 만들어서는 안 된다. 금송아지 형상을 만들어 놓고 아무리 자신들을 애굽에서 구원한 하나님이라며 예배했다고 할지라도 결단코 심판받는다. 이유는 그들이 하나님의 형상이라고 새겨 만든 금송아지는 다른 신이기 때문이다.

지금 교회 안에 있는, 지금 교인들이 "아멘! 아멘!"함으로 용납하고 있는 다른 예수, 다른 복음, 다른 영도 신약의 금송아지 곧 다른 신이다. 지금 교회는 다른 예수, 다른 복음, 다른 영을 아멘함으로 현대판 우상제의에 함몰되어 있다.

하나님을 금송아지 형상으로 만드는 자는 하나님의 백성이 아니라, 이방인이다. 하나님의 백성은 그 어떤 경우에도 이방인의 방법대로 이방인처럼 그들의 하나님을 섬기면 안 된다. 예배하면 안 된다.

주님께서는 제자들을 향해 먹고 마시고 입고 문제와 관

련해서는 기도하지 말라고 하셨다. "그러므로 내가 너희에게 이르노니 목숨을 위하여 무엇을 먹을까 무엇을 마실까 몸을 위하여 무엇을 입을까 염려하지 말라 목숨이 음식보다 중하지 아니하며 몸이 의복보다 중하지 아니하냐 공중의 새를 보라 심지도 않고 거두지도 않고 창고에 모아들이지도 아니하되 너희 하늘 아버지께서 기르시나니 너희는 이것들보다 귀하지 아니하냐 너희 중에 누가 염려함으로 그 키를 한 자라도 더할 수 있겠느냐 또 너희가 어찌 의복을 위하여 염려하느냐 들의 백합화가 어떻게 자라는가 생각하여 보라 수고도 아니하고 길쌈도 아니하느니라 그러나 내가 너희에게 말하노니 솔로몬의 모든 영광으로도 입은 것이 이 꽃 하나만 같지 못하였느니라 오늘 있다가 내일 아궁이에 던져지는 들풀도 하나님이 이렇게 입히시거든 하물며 너희일까보냐 믿음이 작은 자들아 그러므로 염려하여 이르기를 무엇을 먹을까 무엇을 마실까 무엇을 입을까 하지 말라 이는 다 이방인들이 구하는 것이라 너희 하늘 아버지께서 이 모든 것이 너희에게 있어야 할 줄을 아시느니라"(마 6:25~32).

먹고 마시고 입고의 문제 곧 생존의 문제와 관련해서 기도하는 것은 이방인들이 하는 기도이다. 그러므로 먹고 마시고 입고의 문제와 관련한 기도는 하나님의 백성이 해서는 안 되는 기도이다. 이유인즉 이방인의 기도는 우상 제의와 하나이기 때문이다.

하나님의 백성은 절박한 생존의 문제 앞에서도 이방인과 같은 방법으로 이방인들과 같은 목적으로 기도해서는 안 된다. 그것은 신약 교회가 범하는 가장 큰 죄악이고 우상숭배이다.

이방인들과 같은 소원을 가진 자는 하나님과 세상을 더불어 사랑하는 자이고 하나님을 미워하는 자이다.

하나님의 백성은 설령 내일의 양식을 걱정해야 할 정도로 핍절하다고 할지라도 내일의 생존 문제를 염려하며 기도해서는 안 된다.

하물며 내일 당장 절박한 생존 문제도 아닌, 진학 문제, 진로 문제, 사업 문제, 물질 문제, 결혼 문제와 관련한 기도는 하나님의 백성에게 그 어떤 이유로도 사생결단의 작정 기도 제목이 될 수 없다. 아무리 돈 많이 벌고 잘되어서 쟁취한 영향력과 물질을 가지고 더 많은 선교사업을 하겠다고 하소연해도 그와 같은 것을 기도 제목으로 작정한 이상, 그 기도는 이방인들이 하는 기도이다. 이방인처럼 기도하는 사람은 하나님의 백성이 아니다.

이방인처럼 생의 문제를 해결 받고 응답받으려는 목적으로 기도하는 것이 뭐가 그리 큰 죄이겠나, 하고 생각하겠지만, 그것은 심각하고도 크나큰 죄이다. 하나님의 말씀을 가감함이 영벌에 처해지는 죄악과 같은 이치이다(계 22:18~19).

구약 이스라엘 백성이 하나님을 예배한다고 하면서 이방인들처럼 하나님의 형상을 피조물의 형상으로 만들어 자기들의 신이신 하나님을 예배하는 것이 하나님의 가장 큰 미움과 증오를 사는 우상숭배가 되었다.

마찬가지로 신약 교회가 하나님께 기도한다고 하면서 이방인들과 같은 소원으로 이방인들과 같은 목적으로 이방인들과 같은 방법으로 기도하는 것은 우상에게 분향함이고 우상을 찬송함이다(사 66:3).

다른 예수 다른 복음 다른 영을 통해 지금 교회는 신종 우상숭배에 흥분하고 있다.

우상숭배는 다른 신을 믿거나 다른 신의 형상을 숭배하는 것은 물론이거니와 보이는 피조물의 형상을 하나님으로 알고 신앙하는 것도 우상숭배이다. 금송아지 사건이 그 예이다.

이스라엘 백성은 금송아지 신을 섬겼던 것이 아니라, 금송아지 형상을 하나님이라고 예배했다. 금송아지는 하나님의 형상이 아니라 다른 신이다. 하나님 아닌 다른 신을 찾거나 하나님의 형상이 아닌 금송아지의 형상을 하나님으로 알고 하나님으로 예배하는 것이 우상숭배이다.

마찬가지로 다른 예수와 다른 복음과 다른 영을 용납하는 것이 신약 교회가 범하는 우상숭배 행위이다. 지금 교회 안에는 다른 예수와 다른 복음과 다른 영이 범람하고 있다. 그 옛날 하나님의 성전에서 하나님으로 예배되는 갖가지 금수의 형상이 범람했듯이.

그 옛날 바벨론 제국의 1차(B.C. 605, 귀족 자제가 포로로 잡혀감) 2차(B.C. 597, 제사장들이 포로로 잡혀감) 3차(B.C. 586, 예루살렘 성전은 잿더미가 되고 몸이 성한 모든 예루살렘 거민이 포로로 잡혀감) 침략에 의해서 예루살렘이 멸망할 때, 에스겔 선지자는 머나먼 이역만리 바벨론의 포로수용지 델아빕에서 고향 예루살렘의 성전에서 자행되는 우상 제의를 하나님의 신의 감동으로 목도했다. "여섯째 해 여섯째 달 초닷새에 나는 집에 앉았고 유다의 장로들은 내 앞에 앉아 있는데 주 여호와의 권능이 거기에서 내게 내리기로 내가 보니 불 같은 형상이 있더라 그 허리 아래의 모양은 불 같고 허리 위에는 광채가 나서 단 쇠 같은데 그가 손 같은 것을 펴서 내 머리털 한 모숨을 잡으며 주의 영이 나를 들어 천지 사이로 올리시고 하나님의 환상 가운데에 나를 이끌어 예루살렘으로 가서 안뜰로 들어가는 북향한 문에 이르시니 거기에는 질투의 우상 곧 질투를 일어나게 하는 우상의 자리가 있는 곳이라 이스라엘 하나님의 영광이 거기에 있는데 내가 들에서 본 모습과 같더라 그가 내게 이르시되 인자야 이제 너는 눈을 들어 북쪽을 바라보라 하시기로 내가 눈을 들어 북쪽을 바라보니 제단문 어귀 북쪽에 그 질투의 우상이 있더라 그가 또 내게 이르시되 인자야 이스라엘 족속이 행하는 일을 보느냐 그들이 여기에서 크게 가증한 일을 행하여 나로 내 성소를 멀리 떠나게 하느니라 너는 다시 다른 큰 가증한 일을 보리라 하시더라 그가 나를 이끌고 뜰 문에 이르시기로 내가 본즉 담에 구멍이 있더라 그가 내게 이르시되 인자야 너는 이 담을 헐라 하시기로 내가 그 담을 허니 한 문이 있더라 또 내게 이르시되 들어가서 그들이 거기에서 행하는 가증하고 악한 일을 보라 하시기로 내가 들어가 보니 각양 곤충과 가증한 짐승과 이스라엘 족속의 모든 우상을 그 사방 벽에 그렸고 이스라엘 족속의 장로 중 칠십 명이 그 앞에 섰으며 사반의 아들 야아사냐도 그 가운데에 섰고 각기 손에 향로를 들었는데 향연이 구름 같이 오르더라 또 내게 이르시되 인자야 이스라엘 족속의 장로들이 각각 그 우상의 방안 어두운 가운데에서 행하는 것을 네가 보았느냐 그들이 이르기를 여호와께서 우리를 보지 아니하시며 여호와께서 이 땅을 버리셨다 하느니라 또 내게 이르시되 너는 다시 그들이 행하는 바 다른 큰 가증한 일을 보리라 하시더라 그가 또 나를 데리고 여호와의 전으로 들어가는 북문에 이르시기로 보니 거기에 여인들이 앉아 담무스를 위하여 애곡하더라 그가 또 내게 이르시되 인자야 네가 그것을 보았느냐 너는 또 이보다 더 큰 가증한 일을 보리라 하시더라 그가 또 나를 데리고 여호와의 성전 안뜰에 들어가시니라 보라 여호와의 성전 문 곧 현관과 제단 사이에서 약 스물다섯 명이 여호와의 성전을 등지고 낯을 동쪽으로 향하여 동쪽 태양에게 예배하더라 또 내게 이르시되 인자야 네가 보았느냐 유다 족속이 여기에서 행한 가증한 일을 적다 하겠느냐 그들이 그 땅을 폭행으로 채우고 또 다시 내 노여움을 일으키며 심지어 나뭇가지를 그 코에 두었느니라 그러므로 나도 분노로 갚아 불

쌓히 여기지 아니하며 궁휼을 베풀지도 아니하리니 그들이 큰 소리로 내 귀에 부르짖을지라도 내가 듣지 아니하리라"(겔 8:1~18).

절해고도의 유배지 밧모섬에서 사도 요한은 하나님의 영에 이끌려 어린 양의 정결한 신부로 중매되는 신부 될 교회의 미래, 곧 거룩한 성 새 예루살렘의 환상을 목도했다(계 21:1~5, 9~10).

그리고 그 옛날 에스겔 선지자가 이역만리 포로민 거주지에서 예루살렘 성전 안에서 자행되는 우상 제의를 하나님의 영으로 정확하게 목도했듯이, 어린 양의 정결한 신부로 중매되지 못하고 음녀로 심판받을 교회의 미래 곧 각종 더러운 영과 각종 더럽고 가증한 새가 모이는 귀신의 처소가 될 큰 성 바벨론의 환상을 보았다(계 17:1, 5, 18; 18:2).

다른 예수와 다른 복음과 다른 영을 용납하는 죄악은 사람의 가치 기준에서는 그리 큰 죄가 아닌 것같이 보여도 하나님 편에서는 결단코 용서할 수 없는 심각한 죄이다. 그런데도 지금 교회가 그와 같은 치명적 신앙의 죄악을 전혀 의식하지 못하는 것은 다른 예수와 다른 복음과 다른 영이 주는 음행의 포도주에 취했기 때문이다.

제국주의가 흥왕하고 있을 때, 서방의 열강들은 저 큰 중국을 총과 칼이 아니라, 아편으로 무너뜨렸다. 초대교회 때, 사탄은 갖은 핍박을 동원해서 교회를 무너뜨리려 했다. 그러나 그럴수록 초대교회는 자신들의 목숨을 바쳐 불굴의 믿음을 사수했다. 그때 사탄은 더는 죽음의 위협으로는 순결한 교회를 굴복하게 할 수 없음을 깨달았다. 그래서 사탄은 미혹이라는 독을 통해 교회를 타락한 음녀로 만들어간다.

지금 사탄은 주님의 몸 된 교회를 무너뜨리기 위해 총과 칼이 아니라 아편과 같은 다른 예수와 다른 복음과 다른 영으로 교회를 혼미하게 해서 무너뜨린다.

———

교회 안에 만연한 우상숭배 신앙, 곧 생존 문제 해결을 소원하는 기복신앙은 이방인들처럼 먹고 마시고 입고를 위해 기도하지 말라는 주님의 말씀 계시에 기초하지 않고 자기감정에 흥분되고 도취된 인간 감정 중심의 신앙이다.

금송아지 우상숭배 제사는 이스라엘 백성이 하나님께서 그들에게 명령하신 말씀 계시에 기초하지 않고 자신들의 기분대로 자신들의 뜻대로 자신들의 판단대로 자신들의 방법대로 드린 제사이다.

하나님께 드리는 제사, 즉 예배는 하나님께서 명령하신 말씀 계시에 기초해서 드려야 한다. 하나님께서는 분명히 시내산에서 이스라엘 백성에게 율법을 주실 때, 그 어떤 경우에도 당신을 이 땅 가운데 있는 피조물의 형상으로 만들지 말라고 명령하셨다.

그런데도 이스라엘 백성은 하나님의 준엄한 명령인 말씀 계시에 기초하지 않고 자기들 생각대로 자기들 뜻대로 자기들 방법대로 자기들 기분대로 제사를 드렸다. 그래서 그들은 제사를 드리는 동안 흥에 겨웠다 "이튿날에 그들이 일찍이 일어나 번제를 드리며 화목제를 드리고 백성이 앉아서 먹고 마시며 일어나서 뛰놀더라"(출 32:7). "모세가 이르되 이는 승전가도 아니요 패하여 부르짖는 소리도 아니라 내가 듣기에는 노래하는 소리로다 하고 진에 가까이 이르러 그 송아지와 그 춤추는 것들을 보고 크게 노하여 손에서 그 판들을 산 아래로 던져 깨뜨리니라"(출 32:18~19).

우리는 이와 같은 열띤 예배 분위기를 지금의 교회 안에서도 흔히 보게 된다. 금송아지 우상숭배 제사가 하나님의 말씀 계시를 따르지 않고 자기들 기분에 도취되어 드린 제사였듯이 오늘날에도 하나님의 말씀 계시에 기초하지 않은 뜨겁고 흥겨운 예배가 여기저기에서 광야와 골방에서까지 넘쳐 난다.

지금 교회는 다른 복음에 열광하고 다른 영으로 흥분되어 하나님 아닌 다른 신, 곧 다른 예수를 섬기고 있다. 이와 같은 예배와 신앙은 인간의 성정과 인간의 목적에 기초하기 때문에, 곧 자기를 위해서 드려지기 때문에 수다스럽고 열광적이다.

구약 이스라엘은 자기를 위해 금송아지를 새겨 자기중심으로 하나님을 신앙했고, 신약 교회는 기복 곧 자기의 소원 성취를 위해 하나님을 신앙한다.

기복주의 신앙은 말씀대로 사는 삶이 아니라 인간의 소원 성취가 신앙의 동기가 된다. 그래서 자기를 위해 신앙한다. 구약에서 금송아지 제사의 본질은 자기를 위해 금송아지 형상을 새겨 만든 것이다. 그런 의미에서 기복주의 신앙은 신약의 금송아지 제사이다.

교회가 구원받은 이유는 꿈을 이루고 잘살고 잘되기 위함이 아니라 주님께서 분부한 모든 것을 지켜 행하고(마 28:20), 모든 소유를 버리기까지 주님을 따르기 위함이다(눅 14:33).

에스겔 선지자는 다가오는 구원의 시대를 예언하면서 하나님께서 당신의 백성에게 새 신과 새 영을 허락함은 그들로 소원 성취를 이루게 함이 아니라, 주의 말씀대로 살게 하려 함이라고 했다. "맑은 물을 너희에게 뿌려서 너희로 정결하게 하되 곧 너희 모든 더러운 것에서와 모든 우상숭배에서 너희를 정결하게 할 것이며 또 새 영을 너희 속에 두고 새 마음을 너희에게 주되 너희 육신에서 굳은 마음을 제거하고 부드러운 마음을 줄 것이며 또 내 영을 너희 속에 두어 너희로 내 율례를 행하게 하리니 너희가 내 규례를 지켜 행할지라"(겔 36:25~27).

주님께서도 모든 족속을 제자로 삼아 세례를 주는 이유는, 곧 그들에게 구원을 주는 이유는 당신이 분부한 모든 것을 가르쳐 지켜 행하게 하려 하심이다. "그러므로 너희는 가서 모든 민족을 제자로 삼아 아버지와 아들과 성령의 이름으로 세례를 베풀고 내가 너희에게 분부한 모든 것을 가르쳐 지키게 하라 볼지어다 내가 세상 끝날까지 너희와 항상 함께 있으리라 하시니라"(마 28:19~20).

무엇 때문에 구원을 받고 성령을 받는가? 하나님의 율례와 규례 곧 주님께서 분부한 모든 것을 지켜 행하기 위함이다. 그러므로 참 복음은 '성령 받고 말씀대로 살자'이다. '성령 받고 죄짓지 말자'이다. '성령 받고 거룩해지자'이다. '성령 받고 모든 것을 버리자'이다. '성령 받고 죽기까지 순종하자'이다.

그런데 기복주의 신앙은 '성령 받고 응답받자'이다. '성령 받고 해결 받자'이다. '성령 받고 돌파하자'이다. '성령 받고 꿈을 디자인하자'이다. '성령 받고 꿈을 이루자'이다. '성령 받고 잘되자'이다. '성령 받고 왕의 자녀의 권세를 행사하자'이다.

———

참 신앙과 기복신앙은 "주여! 주여!"함에는 동일하지만 신앙의 목적지가 다르다. 그러므로 기도 제목이 다르다.

기복주의 신앙에서 믿음의 꿈은 주님의 형상을 이루는 것이이 아니라, 인간의 성공한 삶이다. 그러므로 기복주의 신앙에 함몰된 교회는 주님과 사도들과 초대교회의 삶을 동경하는 것이 아니라, 영향력을 소유한 리더를 동경하고, 자타 공인 십일조 갑부 록펠러를 동경하고, 가난과 실패를 극복한 역전 인생을 동경한다.

지금 교회 구석구석마다 절규하는 이방인의 기도 소리, 흐느끼는 이방인의 기도 소리, 우렁차게 기합 넣는 이방인의 기도 소리가 소란스럽게 들려온다. 그리고 예배당 강대상 마이크를 타고 하나님의 말씀을 도둑질한 거짓 선지자들의 왜곡된 복음들이 하나님의 말씀인 양 맨홀 사이로 터져 나오는 하수구 오물처럼 흘러넘친다.

집회 현장마다 성령의 역사, 성령의 체험을 짖어대는 거짓 선지자들의 망령(妄靈)운동이 성령의 역사인 양 어리석은 교인의 심령을 혼미하게 한다. 그 옛날 하나님의 집인 성전에서 우상숭배가 자행되었듯이, 오늘날도 예배당마다 다른 복음과 다른 영의 향연이 무저갱의 연기처럼 피어오른다.

아벨의 예배, 가인의 제사

▶ 하나님께서 명하신 예배는 구속 계시에 기초해야 한다.

▶ 예배에는 '더' 나은 예배가 있고, 하나님께서는 '더' 나은 예배만 열납하신다. 그러므로 '더' 나은 예배가 아니면 예배를 드리고도 심판받는다.

▶ 이방인들이 드리는 풍수기원제의 목적은 풍요와 번영과 재난 극복이다. 지금 교회 안에 바로 이 이방인들의 기복주의 신앙, 기복주의 예배가 판을 치고 있다. 이들은 반드시 심판받는다.

▶ 가인이 드린 예배는 구속 계시에 기초하지 않고 자기 방식으로 드린 예배이다. 이처럼 잘못된 방법의 예배는 하나님의 뜻을 향하지 않고 인간의 소원을 향한다.
지금 교회 안에는 꿈, 긍정, 승리, 응답, 형통, 해결, 역전, 영향력이라는 인간의 소원 성취가 하나님의 뜻이 되었다.

▶ 인생 문제 해결과 응답이 신앙의 목적이 되고 기도의 목적이 되면 그 기도와 신앙은 하나님께서 열납하시지 않는다. 반드시 심판받는다.

▶ 신령과 진정의 예배는, 곧 믿음으로 드리는 더 나은 예배는 완전한 제자도의 삶을 사는 것이다.

▶ 완전한 제자도의 삶은 도외시한 채 드리는 갖은 방법과 목적의 기도와 예배는 구약 이스라엘이 뜨겁고 흥겹게 드린 금송아지 우상숭배 제의이며 가인의 제사이다.

아벨의 예배, 가인의 제사

하나님께서 명하신 예배는 구속 계시에 기초해야 한다.

죄는 죄인을 하나님 앞에서 부끄럽게 한다. 그러므로 아담과 하와는 죄를 범한 이후, 하나님의 면전을 피하여 숨었다. 이처럼, 죄는 하나님과 우리 사이를 갈라 놓는다. 죄가 무엇인가? 하나님의 말씀대로 살지 않음이다. 곧 하나님의 말씀에 불순종함이다.

하나님께서는 에덴동산에서 죄를 범한 아담과 하와의 부끄러움을 가려 주시기 위해 짐승의 가죽 옷을 지어 입히셨다. 물론 하나님께서는 아담과 하와에게 짐승의 가죽 옷을 지어 입히실 때, 그들에게 앞으로 제사를 드릴 때는 반드시 짐승의 피 흘림으로 제사를 드려야 한다고 명령하신 것은 아니다.

그러나 죄를 범한 아담과 하와의 벌거벗은 수치를 가려

주시기 위해 짐승의 가죽옷을 손수 준비하셔서 입히셨다는 것은 이후 모든 죄인이 하나님과의 친교의 교제를 회복하기 위해 제사를 드릴 때는 반드시 짐승의 피 흘림으로 제사를 드려야 됨을 그 사건을 통해서 계시하신 것이다.

짐승의 가죽은 짐승의 피 흘림으로부터 비롯된다. 짐승의 죽음으로부터 비롯된다. 그러므로 짐승의 가죽으로 옷을 지어 입히신 하나님께서는 이미 죄인의 죄를 가려 주시기 위해 이 세상에 오실 하나님의 어린양이신 예수 그리스도를 계시하셨다. 그러므로 하나님의 구속 계시의 절정은 예수 그리스도이시다.

결국, 하나님께서는 짐승의 가죽 옷 사건을 통해 모든 죄인은 하나님께 제사를 드릴 때 반드시 짐승의 피 흘림으로 제사를 드려야 함을 말씀하셨고, 또한 모든 죄인은 종국에 예수 그리스도의 십자가 피 흘림의 대속 사역을 통해서만 하나님과의 교제에 참여할 수 있음을 계시하시고 있다.

예배에는 '더' 나은 예배가 있고, 하나님께서는 '더' 나은 예배만 열납하신다. 그러므로 '더' 나은 예배가 아니면 예배를 드리고도 심판받는다.

히브리서 기자는 아벨이 드린 제사를 가리켜 믿음으로 드린 '더' 나은 제사라고 했다. "믿음으로 아벨은 가인보다 더 나은 제사를 하나님께 드림으로 의로운 자라 하시는 증거를 얻었으니 하나님이 그 예물에 대하여 증언하심이라 그가 죽었으나 그 믿음으로써 지금도 말하느니라"(히 11:4).

일반 제사와 비교해서 더 나은 제사는 '더'라는 글자 하나가 첨가되었을 뿐이지만, 그 글자 하나의 유무가 죄인의 생과 사를 결정한다.

그렇다, 제사에는 '더 나은' 제사가 있고, '더 못한' 제사가 있다. 무엇보다 중요한 것은 더 못한 제사는 하나님을 예배함과 상관없다는 사실이다. 곧 구원과 상관이 없다. 더 나은 제사를 드리지 않는 사람은 버린 바 된 자이다. 더 나은 제사를 드리지 않은 사람은 구원을 받지 못한다. 그리고 심판을 받는다.

이방인들이 드리는 풍수기원제의 목적은 풍요와 번영과 재난 극복이다. 지금 교회 안에 바로 이 이방인들의 기복주의 신앙, 기복주의 예배가 판을 치고 있다. 이들은 반드시 심판받는다.

그러면 더 나은 제사는 어떤 제사인가? 하나님의 계시에 입각한 제사이다. 하나님의 명령에 순종하는 제사이다.

구약 이스라엘 백성에게는 번제와 소제와 속죄제와 속건제와 화목제의 제사 규례가 주어졌다. 이스라엘에게 하나님께서 명한 제사의 규례에서 풍수기원제는 들어 있지 않다. 풍수기원제는 이방인들이 드리는 제사이다.

이방인들은 이 땅에서의 풍요와 번영을 기원하며 제사를 드렸다. 그곳에도 제물의 죽음이 있었다. 심지어는 제물 대신에 사람의 아들딸들이 제물이 되기도 했다. 그만큼 이방인들은 뜨거운 풍수기원제에 몰입했다.

그러나 하나님께서 이스라엘 백성에게 계시하신 제사에는 풍요와 번영을 목적으로 하는 제사는 없다. 오로지 죄의 고백과 회개함과 거룩함과 순종함에 대한 헌신을 결단함이 제사의 유일한 목적이고 모든 목적이었다.

이방인들이 뜨겁게 헌신했던 풍수기원제의 기복문화가 교회 안에 번졌다. 기복신앙, 기복예배에도 말씀이 있고 기도가 있다. 그러나 기복신앙과 기복예배의 목적은 죄의 고

백과 회개함과 거룩함과 순종함에 대한 헌신이 유일한 목적이 아니라, 이 땅에서의 풍요와 번영이 가장 큰 목적이다.

그러므로 기복신앙은, 기복예배는 하나님의 계시, 하나님의 명령, 하나님의 뜻에 불순종하는 더 낮지 못한 열등한 신앙이고 열등한 예배이다. 따라서 기복신앙과 기복예배는 그 어떤 경우에도 우리에게 구원을 줄 수 없다. 기복신앙과 기복예배에 함몰된 예배자는 가인의 후예로서 반드시 버림을 받는다. 심판을 받는다.

———

가인이 드린 예배는 구속 계시에 기초하지 않고 자기 방식으로 드린 예배이다. 이처럼 잘못된 방법의 예배는 하나님의 뜻을 향하지 않고 인간의 소원을 향한다.

지금 교회 안에는 꿈, 긍정, 승리, 응답, 형통, 해결, 역전, 영향력이라는 인간의 소원 성취가 하나님의 뜻이 되었다.

짐승의 피 흘림으로 드리는 제사가 하나님께서 죄인들에게 명령하신 제사의 규례이다. 아벨은 믿음으로 더 나은 제사를 드렸다고 했다.

가인과 아벨은 하나님께 제사를 드렸다는 면에서는 동

일했지만, 아벨의 제사가 믿음으로 드린 더 나은 제사가 되었던 반면에 가인의 제사는 하나님께 열납되지 않았다.

아벨의 제사가 믿음으로 드린 더 나은 제사가 되었던 이유는 그가 짐승의 가죽옷 사건 계시를 바로 해석하고 짐승의 가죽옷 사건 가운데 나타난 하나님의 뜻을 분별해서, 그 뜻대로 짐승의 피 흘림을 통해서 제사를 드렸기 때문이다.

그러나 가인은 짐승의 가죽옷 사건 계시를 통한 하나님의 뜻을 바로 분별하지 못하고 자기 자의대로 자기 방법대로 그저 의무적으로만 제사를 드렸다. 그러면서도 풍요와 번영을 기원했을 것이다.

그러나 이러한 제사가 인간의 입장에서는 사소해 보이는 실수일지라도 하나님께서 보실 때는 심각한 죄이기 때문에 이 순간의 선택이 영원한 저주로 귀결되었음을 명심해야 한다.

———

인생 문제 해결과 응답이 신앙의 목적이 되고 기도의 목적이 되면 그 기도와 신앙은 하나님께서 열납하시지 않는다. 반드시 심판받는다.

믿음으로 드리는 더 나은 제사는 결국 사람의 방법대로가 아니라, 사람의 뜻대로가 아니라, 하나님께서 우리에게 원하시는 뜻대로, 나아가서는 하나님께서 명하신 방법대로 드리는 제사이다.

많은 사람이 "주여! 주여!"하며 기도하고 예배를 드린다. 그러면 그 기도와 예배는 어떻게 해야 믿음으로 드리는 더 나은 기도가 되고, 믿음으로 드리는 더 나은 예배가 될 것인가. 이를 위해서는 우리의 기도와 예배가 하나님의 말씀이 명령하고 있는 계시를 따라서 하나님의 뜻대로 드리는 기도와 예배가 되어야 한다.

분명히 하나님께서는 당신의 특별계시인 말씀을 통해 먹고 마시고 입고의 문제와 관련해서는 기도하지 말라고 하셨다. 그것은 이와 같은 기도가 이방인들이 하는 기도이기 때문이다. "그러므로 염려하여 이르기를 무엇을 먹을까 무엇을 마실까 무엇을 입을까 하지 말라 이는 다 이방인들이 구하는 것이라 너희 하늘 아버지께서 이 모든 것이 너희에게 있어야 할 줄을 아시느니라"(마 6:31~32).

그러므로 우리의 기도가 믿음으로 드리는 더 나은 기도가 되기 위해서는 먹고 마시고 입고의 문제와 관련한 문제로 기도하지 않고, 하나님의 나라와 의를 기도해야 한다. 그렇다고 이 문제를 해결해 주시고 응답해 주시면 더 많은 십일조 헌금, 더 큰 선교사업, 더 많은 구제사업을 하겠다고 하면 하나님의 나라와 의를 위한 기도가 되는가? 절대 아니다. 오히려 이런 류의 기도는 더욱 간사한 기도이다.

믿음으로 드리는 더 나은 제사가 아닌 자기 뜻대로, 자기 방식대로, 자기 생각대로 제사를 드렸던 가인의 제사가 저주를 받았듯이 인생의 생활 문제와 진로 문제와 물질 문제와 승진 문제와 진학 문제와 결혼 문제와 사업 문제 때문에 기도하는 것은 하나님으로부터 심판받을 기도가 되는 것임을 유념해야 한다.

신령과 진정의 예배는, 곧 믿음으로 드리는 더 나은 예배는 완전한 제자도의 삶을 사는 것이다.

사도 바울은 우리가 드릴 영적 예배는 우리 몸으로 드리는 산 제사이고, 몸으로 드리는 산 제사는 이 세대를 본받지 않고 선하시고 온전하신 하나님의 뜻을 분별하는 삶이라고 했다. "그러므로 형제들아 내가 하나님의 모든 자비하심으로 너희를 권하노니 너희 몸을 하나님이 기뻐하시는 거룩한 산 제물로 드리라 이는 너희가 드릴 영적 예배니라 너희는 이 세대를 본받지 말고 오직 마음을 새롭게 함으로 변화를 받아 하나님의 선하시고 기뻐하시고 온전하신 뜻이 무엇인지 분별하도록 하라"(롬 12:1~2).

따라서 객관적 특별계시인 하나님의 말씀이 정의하고 있는 신령과 진정의 예배는 자기들 생각대로, 자기들 뜻대로, 자기들 방법대로 드리는 예배가 아니라, 세속화되지 않고 하나님의 뜻을 따라 사는 삶이다.

그러므로 오늘날의 의미에서도 믿음으로 드리는 더 나은 예배는 "주여! 주여!"하는 참여자들로 땀 흘리게 하며 눈물 흘리게 하며 뜨거워지게 하는 갖은 명목의 부흥성회가 아니라, 하나님의 기쁘신 뜻대로, 하나님의 선하신 뜻대로, 하나님의 온전하신 뜻대로, 즉 하나님의 말씀이 명령하는 대로 자기를 부인하는 십자가를 지고 세상에 대해 자신이 못 박히는 참된 제자의 삶을 살아가는 것이다.

——

완전한 제자도의 삶은 도외시한 채 드리는 갖은 방법과 목적의 기도와 예배는 구약 이스라엘이 뜨겁고 흥겹게 드린 금송아지 우상숭배 제의이며 가인의 제사이다.

삶의 열매가 결실되지 않는 사람이 드리는 예배는 믿음으로 드리는 더 나은 예배가 아니다. 따라서 그와 같은 예배

참여는 우리를 구원할 수 없다. 그것은 믿음으로 드리는 더 나은 예배가 아닌 예배는 가인이 드린 제사가 되기 때문이다.

"주여! 주여!"하는 많은 사람이 오늘날 하나님의 말씀이 명령하시지 않은 다른 방식으로 드리는 기도와 예배, 특히 문제해결성회니 축복응답성회니 하는 예배와 그 예배에서 드리는 뜨거운 기도는 구약 이스라엘 백성이 금송아지를 하나님이라고 뜨겁게 예배했던 우상숭배 제의에 참여하는 죄이며 또한 자기 방법과 자기 뜻대로 제사를 드렸던 가인의 죄악 된 제사에 참여하는 죄이다.